Wagner, Sabine: „Mama, ich will mal Wolken essen!"

Einblicke in die Welt unserer Kinder

Hohen Schwarfs, November 2014

Alle Rechte am Werk liegen beim Autor:
Sabine Wagner

Erstauflage
Herstellung und Verlag: BoD – Books on Demand, Norderstedt

ISBN: 9783734730979

Sabine Wagner

„Mama, ich will mal Wolken essen!"

Einblicke in die Welt unserer Kinder

Für Dich, Ina.

Momente bis zum Alter von 2 Jahren

Ich hole Ina vom Kindergarten ab. Sie verabschiedet sich von den Erziehern mit den Worten: „Bis morgen, in alter Frische!"

-

Ich gehe ums Auto rum, öffne Ina die Tür und sie sagt: „Schön, dass Du da bist!"

-

Ich gehe mit Ina nach Hause. Ein junger Mann kommt uns entgegen und sie sagt: „Das ist der falsche Papa!"

-

Ina erzählt im Kindergarten: „Papa hat Mama ein Haus gekauft!"

-

Ina will uns wieder mal massieren, „mit Kraft", sagt sie und drückt, was das Zeug hält. „Braucht man Muckis", sagt sie auf einmal.

Ich bin mit Ina beim Kinderarzt.
Da wir nur zum Impfen da sind und ich nicht möchte, dass sie sich vor
Ort ansteckt, habe ich ihr zum Vorlesen ein Buch von Zuhause
mitgenommen.
Ein kleiner Junge mit Schnodder- Nase und glasigem Blick kommt auf
uns zu und sagt: „Will auch ansehen."
Ich sage: „Wenn der Schnupfen weg ist, kannst Du es gerne mit
ansehen."
Daraufhin nimmt der Junge den Ärmel, wischt sich die Nase ab und
sagt: „Schnupfen ist jetzt weg."

-

Mein Mann und ich geben uns zum Abschied einen langen Kuss.
Ina guckt und sagt dann: „Ihr habt geleckt. Bäh!"

-

Nachtgespräch: Wir lassen den Tag Revue passieren, dann sagt Ina
auf einmal unvermittelt zu mir: „Mama, wir lachen immer so gerne,
ne?"

-

„Ina hat Eis ge-esst!"

Mittagessen: Es gibt Erbsensuppe mit Würstchen.
Auf einmal würgt sie und wird rot im ganzen Gesicht.
Wir wollen ihr helfen und nehmen ihr die Würstchenpelle aus dem
Mund, an der sie sich verschluckt hatte.
Sie ruft laut: „Würstchen! Mein Würstchen!"
und will es wiederhaben.

-

Ich schaue mit Ina Fernsehen.
Auf einmal ruft sie aufgeregt: „Erwi –Erwi – Erwi !!" –
Sie meinte damit Erwin –
das ist ein betagter Freund der Familie, der uns vor einigen Tagen
besuchte.
Ich fragte mich nur, warum sie nun nach ihm rief, da sehe ich, dass
der Papst gerade eine Rede im Fernsehen hielt –
anscheinend hat sie da Ähnlichkeiten entdeckt.

-

Oma und Opa sind im Urlaub am Bodensee.
Ina weiß das auch. Nachdem wir ihr erzählten, dass ein Bekannter von
uns gerade Urlaub hat, sagt sie: „Am Bodensee, ne?"

Ina wird mitten im Umzug krank und kann nicht in den neuen Kindergarten. (Sie war gerade mal einen Tag dort.) Wir erklären ihr, dass wir gleich zum Arzt fahren. Sie sagt: „Und danach bin ich wieder gesund. Und heute Nachmittag kann ich dann wieder in den neuen Kindergarten."

-

Im Auto: Es ist warm und ich habe die Fenster runter gemacht. Ina mag das nicht und sagt: „Mama, mach mal die Luft hoch!"

-

Vor 3 Monaten wurde ich geblitzt, als ich zu schnell fuhr. Ina saß damals mit im Auto. Als wir nun an mehreren Polizeiautos vorbeifahren, die nach einem Fußballspiel die Straßen sperrten, sage ich zu ihr: „Ina, schau mal, überall Polizeiautos." Sie reagiert so: „Mama, dann fahr mal langsam jetzt!"

-

Ich habe mich am Fuß mit einer Glasscheibe verletzt. Mein Fuß fängt an zu bluten. An meinen Händen klebt auch noch Blut und ich lecke es mit der Zunge weg. Ina guckt und sagt plötzlich: „ Na, schmeckt´s wenigstens?"

Wir sind auf dem Weg zum Strand. Unser Hauskauf steht kurz bevor. „Ina, wollen wir ein Haus mit Garten haben?" Sie antwortet: „Ja, aber erst zum Strand!"

-

Wir sind beim Griechen essen.
Ich gehe mit Ina zur Toilette, erst muss sie pullern, dann ich.
Nebenan sitzen auch noch andere Damen. Als ich auf der Toilette sitze, fragt Ina mich: „Mama, musst Du eine Kackewurst machen?" Ich verneine, doch dann feuert sie mich lauthals an: „Los, Mama, Du musst drücken – ganz doll!"
Dabei stellt sie sich vor mich, geht in die Hocke, drückt ihre Hände zur Faust und sagt: „Drück, Drück, dann kommt das Würstchen!" Ich konnte nicht mehr vor Lachen...

-

Ich lege Ina schlafen. Als ich später auch schlafen will, bemerke ich beim Vorbeigehen an ihrem Zimmer, dass sie sich komplett ausgezogen hat - inklusive Windel!

-

Wir sind mit einem befreundetem Pärchen und deren Sohn Luka unterwegs. Ina will auf Luka´s Platz sitzen und überlegt, wie sie ihn dort weg bekommt. Sie sagt zu ihm: „Luka, los, wir holen uns Schokobonbons!" Luka läuft los und Ina setzt sich gemütlich auf seinen Platz.

Ina lässt im Auto ihren Schnuller fallen
und ruft energisch: „Papi, Papi, Nuggi aufheben!"
Daraufhin hält er an einer roten Ampel an, steigt aus und gibt ihr den
Schnuller zurück. Ich sage daraufhin:
„Nun sag mal Danke, Ina!"
- Sie antwortet: „Danke, Ina."

-

Am Strand: Wir packen die Sachen ein, gehen langsam zurück zum
Strandaufgang. Ina sagt zum Abschied: „Tschüss, Strand, schlaf gut!"

-

Ina entdeckt im Familienurlaub, dass ich auch einen richtigen
Vornamen habe. Seitdem heiße ich nur noch:
„Sabine Mama."

-

Ina nimmt vom Strand eine Feder für ihren Papa mit. Auf dem
Rückweg zum Auto quatscht sie eine Familie an: „Ist für Papa, eine
Feder, schenk ich ihm. Cool, ne?"

Ina ist mit ihrer Oma unterwegs,
sie wollen zu einem Spielplatz. Ina muss plötzlich im Wald ihr großes
Geschäft machen. Danach auf dem Spielplatz erfährt es jeder, denn
Ina läuft zu allen hin und erzählt: „Ina hat eine Kackewurst gemacht
im Wald".

-

„Ich will einen Tic Tac, Mama." Ich sage: „Geh mir nicht auf den
Keks!" -
„Ich will einen Keks, Mama."

-

Ina bringt ins Bad ein weißes Blatt Papier mit. Sie legt es auf das
Waschbecken – es wird nass. Ina schaut mich an
und sagt: „ Wie kriege ich das wieder warm?"

-

Nachdem Ina – nicht wie besprochen – in ihrem Bett schläft und ich
sie bei uns hingelegt habe, sagt sie: „Gute Nacht. Sei nicht böse,
Mama."

Wir sind zu Besuch bei einer Freundin, die ein neugeborenes Kind hat.
Ina beobachtet sie dabei,
wie sie ein Wickeltuch nimmt und es sich um die Brust und den Bauch
bindet,
um den Kleinen zu tragen. Ina sagt: „Das Baby ist bei der Mama in der
Brust!"

-

Ina lauscht einem Telefongespräch. „Was is´ in Telefon los?"

-

Ina hat vom Kindergarten aus ihren 1.Ausflug ohne Eltern. „Mama, du
kommst nicht mit. Papa auch nicht, nur Ina!"
Am Vorabend zum Ausflug habe ich Ina erklärt,
was alles im Rucksack drin ist. (Bananen, Apfelschorle, Nektarinen,
Pflaumen, Kekse.)
Am Morgen im Bett, die Augen sind halb geöffnet,
Ina fragt mich noch vor dem Guten- Morgen- Sagen: „Wo sind die
Kekse?"

-

Wir essen Kirschen. Ina weist mich darauf hin: „Mama, musst Du
vorsichtig sein! Ist ein Kern drin. Musst Du ausspucken!"

Momente bis zum Alter von 3 Jahren

Als ich etwas später nach Hause komme, sieht Ina mich traurig an und sagt: „Ich hab Dir doch gesagt, bleib nicht so lange, sonst vermiss ich Dich doch."

-

Während Ina sich im Kindergarten die Schuhe anzieht, bemerke ich ein neues Bild mit Fliegenpilzen an der Wand und spreche Ina darauf an, was das wohl für Pilze sein könnten.
Sie erklärt es mir so: „Wenn Schneeflocken drauf sind, sind es Fliegpilze."

-

Es ist Halloween- Zeit. Der Esstisch ist geschmückt mit kleineren und größeren Zierkürbissen. Ina nimmt einen Zierkürbis in die Hand und meint: „Den kann man nicht essen. Der ist ja aus Deko."

-

Mit dem Fahrrad drehen Ina und ich eine kleine Runde durchs Dorf. Als wir einen kleinen Berg hinauffahren, bemerkt sie, wie anstrengend dies sein kann und seufzt: „Der Berg ist schwer."

-

„Ina, Du bist ein Quatschkopf", sage ich zu ihr. – „Nein, Mama, ich bin Ina."

„Opa, was trinkst du da?" – „Bier!" Ina so: „Wenn ich groß bin, darf ich das auch trinken. Ganz viel!"

-

Wir essen die erste durch Ina selbstgeerntete Gurke aus dem Gewächshaus. Sie schmeckt wirklich gut und besser als die gekauften Gurken. Ina nimmt sich eine Gurkenscheibe und sagt: „Mhh, Mama, ist das köstlich."

-

Ich kaufe mit Ina ein. Plötzlich sagt sie laut: „Der ist nackig!" Ich sehe mich erschrocken um, sehe aber nichts. Dann gehen wir weiter und plötzlich sehe ich auf einem Verkaufstisch Unterwäsche für Männer liegen.

-

Wir sind mit Ina in der Sauna und haben ihr vorher erklärt, dass man dort leise ist. Wir sitzen ca. eine Minute, da kommt der erste Kommentar von Ina: „Mama, warm!" Kurz darauf sagt Ina: „Dunkel!" Als dann ein Paar die Sauna betritt, sagt sie laut: „Mama, Nackedeis!"

-

Im Garten stehen große, dunkelrote Dahlien. Ich pflücke eine Blume ab und schenke sie Ina. Sie sieht sich die Dahlie an und fragt: „Mama, kommt da Blut raus?"

Ina kommt am Nachmittag ins Haus herein, stellt die Schuhe ab, seufzt und sagt dabei: „Was für ein aufregender Tag".

-

Auf dem Spielplatz: Ina und ich liegen zusammen auf einer Rundschaukel und wir schauen uns die Bäume an. Da entdecken wir ein Taubenpärchen, die miteinander turteln. Ina sagt: „Sie haben sich lieb. Es sind ja Zwingerlinge."

-

Ina isst abends ein Würstchen. Da wir noch Himbeeren aus dem Garten haben, habe ich sie mit auf den Abendbrottisch gestellt. Ina nimmt sich eine Himbeere, legt sie auf das Würstchenende und beißt beides zusammen ab. Ihr Urteil fällt so aus: „Hmm...schmeckt interessant."

-

Ina ist aufgeregt, denn der Tag der großen Gartenparty ist endlich gekommen. Sie macht sich Sorgen und fragt mich: „Mit welchen Autos kommen die? Mama, die passen nicht alle dahin", sagt sie und zeigt auf unsere Einfahrt. Das Wetter ist unbeständig, auch hier sorgt sie sich: „Wenn es regnet, backen wir die Würstchen draußen und essen drin. Dann ist das eine Sicherheit."

Es ist Sommer und Ina läuft im Garten um die Apfelbäume herum. Sie entdeckt einen verschimmelten Apfel auf dem Boden und fragt: „Was ist das?" – „Das ist ein vergammelter Apfel", sage ich. Daraufhin sagt sie: „Aber da ist ja Schnee drauf!"

-

Nach dem Mittagsschlaf wacht Ina auf: „Das war so langweilig, als ich geschlafen hab."

-

Als es mit dem Abendessen etwas länger dauert, sagt Ina zu uns: „Ich verhungere noch."

-

Wir machen uns gerade für eine Familienfeier schick. Ich bin dabei, Ina ein Kleid anzuziehen. „Und wo ist Papa´s Kleid?" fragt sie mich. „Nur für uns", antworte ich ihr. Und sie sagt: „Nur wir Frauens, oder?"

-

Als wir vom Kindergarten nach Hause fahren, kommt uns ein Krankenwagen mit Blaulicht entgegen. Ina sagt ganz aufgeregt: „Da ist ein Krankenwagen. Da ist ein ganz Kranker drin. Vielleicht hat er sich wehgetan oder er hat sich verblutet."

Wir spielen „Ich sehe was, was Du nicht siehst". Ina fängt an: „Ich sehe nicht, was Du was siehst und das ist rot." Als ich es nicht erraten habe, zeigt sie auf meine rote Kette und sagt: „Dein Halsband!"

-

Ina sitzt auf Toilette. Ich sage zu ihr, dass sie nicht so viel Klopapier verwenden soll, weil dafür Bäume sterben müssen. Ich erkläre ihr auch, dass das Papier aus Bäumen gemacht wird. Sie fragt mich: „Die Bäume können Papier machen. Können Menschen das auch?"

-

Wir fahren am Rostocker Kraftwerk vorbei... hier wird Steinkohle verbrannt und ständig steigt der Rauch hervor. Ina: „Ich will auch mal Wolken essen."

-

Wir essen zu dritt Abendbrot. Ina redet die ganze Zeit vor sich her. Als ich meinen Mann etwas frage, sagt sie beleidigt: „Mama, ich unterhalte mich gerade!"

-

Zum Einschlafen lese ich meiner Tochter aus einem Märchenbuch vor: „... und er verliebte sich sofort..." Dann frage ich: „Ina, was ist denn Verliebt sein?" – „Na, dann heiraten die."

Während einer Autofahrt entdecken wir einen Regenbogen, der sich am Ende der Straße zeigt. Ina meint: „Mama, ich hab schon mal einen Regenbogen gegessen."

-

Frühling im Garten: Ich versuche, Ina den Unterschied zwischen einer Blüte und einer Knospe zu erklären. Alles, was sie dazu sagen will, ist: „Knospe, hä? Knusper Knusper Knäuschen."

-

„Mama, ich will auch mal heiraten. Mit schickem Kleid, so wie Du mit Deinem Schatz."

-

Unsere Katze springt auf Ina´s Rutsche herum. Sie ruft ihr hinterher: „Das darfst du nicht. Los, komm runter da, sonst ruf ich die Polizei:"

-

Wir fahren an einer großen Baustelle vorbei und Ina ruft begeistert: „Guck mal, ein großer Kran! Alter Schwede!"

-

Wir fahren in die Kinderklinik, um Ina untersuchen zu lassen. Nachdem die Untersuchung abgeschlossen ist, redet Ina auf die Ärztin ein: „Weißt Du, ich hab neue Schuhe. Und eine neue Jacke. Und Mama und Papa sagen zuhause manchmal `Scheiße´."

Ina hat eine Sendung mitgesehen, bei denen es um Hochzeiten geht. Folglich spielt sie dies später mit ihren Puppen nach. „Nimm diesen Ring als Treue meiner Zeichen."

-

Nachdem es geschneit hatte, fing es an zu regnen. Ina bemerkte dies so: „Der ganze Schnee ist weg von Frau Holle." „Mama, wir haben wieder Rasen."

-

Zu dritt toben wir im Bett rum. Mein Mann nimmt sein Bein und hebt sie damit hoch. Ina sagt: „Ich mag das nicht. Noch mal!"

-

Ich bin kurz zur Tür rausgegangen, um das Auto auszuladen. Als ich wieder das Haus betrete, sagt Ina: „Mama, weisst Du, ich hab Dich so vermisst."

-

„Ich möchte 2 Schwesters und 5 Bruders."
„Ok, Ina, was machst Du, wenn das Baby lacht?"
– „Dann lach ich auch."
„Und was machst Du, wenn es weint?"
- „Dann hab ich wieder für euch Zeit."

In unserem Urlaub haben wir uns eine Ferienwohnung gemietet. Ina sagt beim Betreten der Wohnung: „Jetzt wohnen wir nicht mehr zuhause."

-

Wir sind zu Kaffee und Kuchen bei Ina´s Oma und Opa eingeladen. Ina´s Uroma ist auch dabei. Da bald wieder Weihnachten ist, haben meine Eltern Nüsse geknackt und sie zum Verzehr auf den Tisch gestellt. Uroma nimmt sich gerade eine Nuss. Ina sieht das und sagt: „Uroma, wenn du noch eine Nuss isst, wirst du noch älter!"

-

Ina steht, ohne zu fragen, vom Essenstisch auf, sieht mich ernst an und sagt: „Du entschuldigst mich..."

-

Es ist bald Halloween Zeit und ich habe einen Halloween - Porzellan – Kürbis gekauft. Ina freut sich darüber, meint aber skeptisch: „Der Po vom Kürbis ist kaputt." Da ich nicht genau wusste, was sie meint, sah ich nach: An der Rückseite war eine Öffnung, damit ein Teelicht hineingestellt werden kann.

-

- Ich bin in der Küche, Ina ist im Wohnzimmer. „Mama, ich hab mir Sorgen gemacht. Ich hab dich die ganze Zeit gesucht."

Ich habe Geburtstag und werde morgens begrüßt mit den Worten:
„Alles Gute zu Deinem Geschenketag.
Ich wünsche Dir, dass du immer glücklich bist. Ich liebe Dich von
meinem Herzen. Dass du immer gesund bist und Freude hast. Ich hab
dich so lieb wie ein Schatz."
Abends feiern wir dann meinen Geburtstag in einer Tapas Bar.
Ich erkläre ihr, dass wir dahin gehen, wo wir neulich schon mal einen
Geburtstag gefeiert haben und wo es all die tollen Sachen gab. Da ihr
meine Restaurant - Auswahl nicht gefällt, hören wir im Auto immer
wieder ihre Worte: „Ich will nicht dahin, wo es all die tollen Sachen
gibt!"
Nachdem wir angekommen sind, fragt Ina mich: „Kannst Du mir
die Jacke ausziehen? Auch die Schuhe, ja?" Ich konnte sie überreden,
die Schuhe anzulassen.
Ina bestellte dann im Restaurant für sich einen
„Apfelsaft mit Schorle". Den Strohhalm, den sie dazu bekam, hatte sie
innerhalb von kurzer Zeit geknickt. Als ich ihr den Strohhalm wieder
gerade gemacht habe, sagt sie: „Mama, was Du alles schon kannst."
Unerklärlicherweise meinte sie auf einmal, laut und lachend alle im
Restaurant davon unterrichten zu müssen, dass sie „ihre Mumu
vergessen habe".
Als sie es dann geschafft hat, ihr Glas umzuwerfen, nimmt sie eine
Serviette, verwischt alles auf dem Tisch und meint: „Kann man immer
abwaschen, ist doch ein Handtuch."

-

Mein Mann kommt nach Hause und nimmt den Motorrad Helm ab.
Ina sagt dazu: „Schöner Roller Kopf."

Es war ein tränenreicher Abschied, als Inas Papa auf Dienstreise fährt. Alles, was Ina als Argument, doch zu bleiben, noch einfällt, ist: „Aber du bist doch mein Papi..."

-

Unsere Katze Nele läuft in den Schuppen, wo sie nicht reinlaufen soll. Ina läuft ihr nach und ruft: „Aber ganz schnell raus hier, mein Fräulein!"

-

„Ina, wir gehen heute brunchen", erzähle ich Ina. – „Nehmen wir dann auch eine Badehose mit?", fragt sie. – „Warum sollen wir denn eine Badehose mitnehmen?", frage ich nach. – „Na, wenn wir planschen gehen!"

-

Ich bitte Ina, mir etwas von ihrer Mandarine abzugeben. Sie schaut mich frech an und sagt: „Heul doch, heul doch. Na, kommt noch ein Tränchen?"

-

Ich hole Ina vom Kindergarten ab. Beim Verabschieden erzählt Ina den Erziehern: „Ich geh heute zum Tierarzt!" Die Erzieher lachen und fragen bei Ina nach: „ Du gehst zum Tierarzt, Ina?" Ina lacht nun auch und korrigiert sich: „Nein, ich meine Mama und Papa."

Auf dem Spielplatz möchte Ina im Karussell ganz doll gedreht werden. Wir erfüllen ihren Wunsch, aber offensichtlich war es ihr doch zu schnell und sie möchte, dass wir aufhören. Als sie vom Gerüst steigt, taumelt sie hin und her und mein Mann und ich fangen an zu lachen. Sie sieht uns mit ernster Miene an und sagt: „Das ist nicht lustig."

-

Ina steht direkt neben der Toilette und hat eingepullert. Ich bin entsetzt und frage sie genervt: „Wie ist denn das jetzt gekommen?" – „Na aus der Muschi, Mama."

-

Wir nehmen Ina das erste Mal mit auf den Friedhof. In Familie wollen wir meinem verstorbenen Opa zum 10. Todestag die Ehre erweisen und nehmen Blumen fürs Urnengrab mit. Ina fragt beim Eingang zum Friedhof:
„Kann ich die Stelle sehen, wo er gestorben ist?"
Es beschäftigt sie sehr, wer denn dieser Opa Gerhard ist und auf dem Weg zum Grab sagt sie: „Opa Gerhard ist lieb, aber kann nicht mehr reden. Wenn ich gestorben bin, möchte ich noch reden können." Als wir die Stelle erreicht haben, wo die Urne eingebettet ist, sieht Ina uns fragend an:
„Können wir ihn denn wieder ausgraben?"
Die mitgebrachten Blumen finden ihren Platz an der Urnenstelle. Als wir die Grab Vase platzieren, sagt Ina: „Nicht zu tief, sonst treffen wir die Knochen!" Als wir uns verabschiedet haben und auf dem Rückweg sind, fragt Ina noch: „Kommt er denn raus, wenn er essen muss?"

Wir haben alle unsere Sachen gepackt und wollen vom Strandbesuch wieder nach Hause fahren. Ina sitzt auf der Schulter ihres Papa´s. Der Strandweg ist etwas beschwerlich und führt uns über einen Hügel. Oben angekommen, verschnaufen wir kurz. Ina sieht uns an und sagt: „Na, könnt ihr noch?"

-

Vorgeschichte: Einen Tag vor der eigentlichen Geschichte fährt ein Krankenwagen vor uns. Ich erkläre meiner Tochter, dass ich damals auch mit so einem Krankenwagen in das Krankenhaus gebracht wurde, als meine Fruchtblase geplatzt ist.
Nun fährt wieder ein Krankenwagen vor uns. Ina sagt: „Mama ich hab dich geplatzt."

-

Im Garten: Beim Einpflanzen von Blumen ins Beet ist mir eine Blüte abgefallen und ich schenke diese Ina. Sie bringt sie jedoch zurück zum Beet und sagt: „Sie gehört hier hin, ist doch eine Familie."

-

„Mama, ich muss pullern" sagt Ina, nachdem wir gerade eingekauft hatten. Mir bleibt nichts anders übrig, als sie an einen nahestehenden Busch pullern zu lassen.
Ina sieht es positiv: „Und wenn der Maulwurf rauskommt, hat der was zu trinken."

Wir wollen in einem Möbelhaus zu einer Frau namens König. Ina bekommt das mit und ruft lauthals: „Wo ist der König?"

-

Weihnachten: Ina singt: „Oh Tantebaum, oh Tantebaum…"

-

In Ina´s Kindergarten wechselten einige Kinder die Gruppen, so dass manche Kinder neu in Ina´s Gruppe aufgenommen wurden. Eines Tages gehe ich zusammen mit einer Mutti, die ich noch nicht kenne, ihrem Kind und Ina aus dem Kindergarten raus. Wir unterhalten uns ein bisschen, bis Ina raushaut: „Weißt Du, meine Mama pupst immer in der Badewanne."

-

Ina isst den Rest vom Gurkensalat auf und löffelt die Schüssel aus. Ihre Oma fragt, ob es ihr schmeckt. Sie antwortet: „Na klar. Was denkst Du denn?"

-

Ina kommt weinend zu mir gelaufen: „Da ist Feuer, Mama", weint sie und zeigt auf ihr Auge. Dann begreife ich, was sie meinte: Ihr Auge brennt, da etwas Schaum vom Baden hineingeraten war.

Wir sitzen am Mittagstisch und Ina schmatzt. Sie fragt: „Weißt du, warum ich immer schmatze? Weil ich sonst keine Luft bekomm."

-

Ina lutscht einen scharfen Pfefferminzbonbon. „Wenn ich den kaue, ist der noch mehr scharf."

-

Ina uns ich sitzen zusammen in der Badewanne. Sie turnt auf mir rum und juchzt: „Juhu, Mama ist ein Spielplatz."

-

Inas Oma hat eine Überraschung mitgebracht. Ina packt die Tüte aus und findet Strümpfe. Daraufhin fragt sie ihre Oma: „Hast noch was anderes?"

-

Auf dem Nachhauseweg regnet es. Als wir aus dem Auto steigen, kommt uns unsere Katze Nele durchnässt entgegen. Ina erfasst es so: „Mama, sie hat auch Regen!"

-

Ina wacht nachts auf. Ich sage zu ihr: „Ich glaube, Dein Kopf ist heiß." Sie antwortet darauf: „Aber mein Po ist kalt".

Im Restaurant bestelle ich mir einen Pfefferminz- Tee. Ina ruft der Kellnerin hinterher: „Ich hätte gerne auch einen Pfeffer- Tee!"

-

Ich fahre Ina morgens mit dem Auto zum Kindergarten. Plötzlich ruft sie: „Mama, Du drängelst." Das Schlimmste daran: Sie hatte Recht.

-

Als wir einkaufen, entdeckt Ina einen Adventskalender. Ich frage sie: „Was passiert denn eigentlich, wenn der Kalender zu Ende ist?", und will darauf hinaus, dass dann der Weihnachtsmann kommt. Sie antwortet mir: „Dann ist die Schokolade alle."

-

Unsere Katze Nele bekommt Futter. Sie läuft mir vor die Füße, ich trete fast auf sie rauf und sage zur Katze: „Ach Nele, tut mir leid, ich hab Dich nicht gesehen." – Ina fragt mich daraufhin: „Du hast sie nicht gesehen? Hast Du die Augen zugehabt?"

-

Silvester: Kurz vor 0 Uhr stehen wir vor der Haustür und so langsam erhellt sich der Himmel um uns, Raketen steigen auf. Ina bekommt panische Angst, hält sich sogar die Augen zu. Dann sagt sie: „Das ist noch nichts für mich. Ich bin ja noch zu klein."

Ina hat Bauschmerzen und muss sich das erste Mal übergeben. „Mama, bist Du böse auf mich, weil ich alles hingespuckt habe?" – Nein, Ina, mach Dir keine Sorgen, dafür kannst Du gar nichts." – „Ja, Mama, das ist einfach hochgerutscht."

-

Beim Kinderarzt muss Ina in einen Becher pullern, damit die Urinwerte kontrolliert werden können. Als der Becher dann nach mehreren Anläufen gefüllt ist, klatscht sie in die Hände und sagt zum Becher: „Applaus für die Pipi!" Und eine Frage beschäftigt sie weiterhin: „Muss ich da auch reinkäckern?"

-

„Darf ich später mal zu Deiner Hochzeit kommen, Ina?" – „Nein, nur Kinder. Und danach die Mama's. Und Papa ist der Bräutigam."

-

„Willst Du denn mal Kinder haben, Ina?", frage ich meine Tochter. Sie sagt: „Ich will keine Mama oder Papa werden." – „Und warum nicht?" – Ina überlegt kurz und sagt: „Ich habe keine Zeit dafür, ich will doch spielen."

-

Wir haben Eier gekocht. Ich stelle für meinen Mann, für Ina und für mich drei Eierbecher auf den Tisch. In ein paar Tagen erwarten wir Besuch von Ina's Tante und Onkel und ihren beiden Cousins. Ina macht sich Sorgen: „Wenn Claudi und Mike kommen, können wir keine Eier essen. Wir haben ja nur drei Eierbecher."

Mein Mann und ich diskutieren im Auto miteinander. Ina ruft von hinten: „Hört auf Euch zu streiten, sonst dürft ihr nicht zu meinem Geburtstag kommen!"

-

Im Garten läuft uns eine Katze über den Weg. Sie hat gerade einen Maulwurf gefangen und trägt die Beute an einen sicheren Ort. Ina ist entsetzt und schreit der Katze hinterher: „Du böse Katze! Du hast den Maulwurf gar nicht gefragt."

-

Ina und ich spielen mit ihren Puppen zusammen Hochzeit. Ich frage Ina: „Und, Ina, sagt sie ‚Ja' ?" – „Nein, aber die feiern!"

-

Wenn Ina im Garten meiner Eltern ist, gibt es das Ritual, dass die Vögel gefüttert werden. Ina holt dann das Futter und Ina´s Opa geht mit ihr zusammen zum Vogelhaus und sie legen das Futter dort ab. Als sie das Futter nicht gleich findet, fragt sie uns alle ganz laut: „Wo ist das Vögelfutter?"

-

Unsere Katze Nele springt auf unseren Esstisch. Ina bemerkt es sofort und sagt zu ihr: „Runter da! –
Los, Mama, sei böse zu Nele!"

Zum Abendbrot essen wir Gewürzgurken. Ina liebt Gewürzgurken und isst dann schon mal das ganze Glas leer. Beim Essen bemerkt sie: „Die Gewürzgurke schmeckt echt gewürzig."

-

Mein Mann, Ina und ich verbringen einen schönen Sommertag am Strand. Neben uns spielt eine kleine Gruppe von Leuten Frisbee. Ina kennt das Spiel bisher nicht und sagt zu uns: „Guckt mal, die spielen Teller."

-

„Mama, meine Zähne sind rausgefallen", sagt Ina und zeigt dabei auf ihre hinteren leeren Stellen. „Nein, mein Schatz, die wachsen erst noch", sage ich zur Beruhigung. „Aber ich bin doch kein Gewächshaus", antwortet Ina.

-

Ich frage Ina, ob sie Oma schon gefragt hat, ob sie bei ihr schlafen kann. „Mama, ist doch schon längst alles abgesprochen", antwortet sie abgeklärt.

-

Ina wacht nachts auf, schaut mich an und sagt: „Mama, ich will nochmal ein Kind von Dir."

Im Kindergarten wurde der Eingangsbereich herbstlich dekoriert. Ich sage zu Ina: „Das ist aber schön geschmückt." – „Nein, Mama, das ist nicht geschmückt, das ist nur hingestellt."

-

Als der Gartennachbar sich vom Zaun aus bei uns verabschiedet, ruft Ina ihm hinterher: „Tschüss. Schöne Träume!"

-

Ina mag ihr Essen nicht und wirft es um. Nachdem sie sich beruhigt und entschuldigt hat, erkläre ich ihr, dass wir alle mal einen Fehler machen. In dem Zuge entschuldige ich mich bei ihr, weil ich laut geworden bin, als sie das Essen umwarf. Sie schaut mich ernst an, wartet einen Moment, gibt mir die Hand und sagt: „Ist ok. Das nehme ich an."

-

„Mama, du gehst morgen zu Markus." – „Nein, Ina, ich kenne keinen Markus." – „Doch, du gehst doch morgen zu Markus mit Oma!"- Da fällt mir ein, was sie meinen könnte: „Achso, du meinst den Malkurs!" Einige Tage später im Auto erzählt sie: „Du Mama, der Malkurs kommt jetzt nicht mehr!" Hier meinte sie allerdings einen jungen Mann namens Markus, der ein Praktikum im Kindergarten gemacht hat, welches gerade zu Ende gegangen war.

Uns ist eine Katze zugelaufen. „Ina, wie soll die Katze denn heißen?" –
„Schwester."

-

Wir holen Ina von meinen Eltern ab. Da wir im Stau standen, kommen
wir verspätet an. Ina begrüßt uns: „Ich hab um Euch Sorgen, wegen
die Autobahn und Stau."

-

Ein Krankenwagen fährt an uns vorbei und Ina sagt: „Da is' einer
krank. Der is' aber eilig."

-

Ina steht vor dem Kühlschrank und sagt: „Ich hab Durst von Kaltes."

-

Beim Wochenendeinkauf bemerkt Ina den Fischstand und das viele
Eis, was dort zur Kühlung dienen soll:
„Die Fische haben auch Eis. Davon werden die tot." –
Ich erkläre ihr, dass die Fische bereits tot sind und das Eis dazu da ist,
sie frisch zu halten.
„Nein Mama, das ist da, damit die tot bleiben."

An einem Spätsommerabend steigen wir aus dem Auto aus.
Ina sagt: „Mama, riech mal die Luft."

-

Wir planen eine Feier im Garten. Ina sagt dazu: „Du vorbereitest
alles."

-

Im Garten: „Mama, was ist das?", fragt Ina und zeigt auf einen
verschimmelten Apfel, der am Boden liegt. „Ein vergammelter Apfel",
antworte ich ihr. Daraufhin meint Ina: „Mit Schnee drauf!"

-

Auf dem Weg zu einem Bauernhof erzähle ich Ina, dass dort
verschiedene Tiere zu sehen sind. „Welche Tiere sind da auf dem
Bauernhof?", fragt sie neugierig. Ich zähle auf: „Schweine, Pferde-".-
Ina unterbricht mich: „Wurst!"

-

An einem kalten Herbsttag hole ich Ina aus dem Kindergarten ab und
werde wie folgt begrüßt: „Ich will in' Süden, da wo die Vögel
hinfliegen."

Im Kindergarten gibt es eine Liste, in die man etwas einträgt, wenn das Kind zum Beispiel von den Großeltern abgeholt wird. So auch heute. Als ich gerade den Eintrag mache, fragt mich Ina, was ich da mache. „Ich trage dich in die Liste ein, weil Oma dich heute abholt." – „Schreibst du da auch rein, dass ich lieb bin?"

-

In einem größeren Einkaufsmarkt wird gerade ein soziales Projekt beworben: Für einen gekauften Schokokuss werden 0,50 € bezahlt, man bekommt einen symbolischen goldenen Taler, der in eine Box für das gewählte Projekt geworfen wird.
Die Spende wird dann an das Projekt ausgezahlt. Zur Auswahl steht unter anderem ein Kinderhospiz.
Ich erkläre Ina die Idee und sie darf einige goldene Taler in die Boxen für die Projekte werfen. Auf dem Nachhauseweg erklärt sie es dann auf ihre Weise:
„Das ist für Menschen, denen es nicht so gut geht wie uns, und wenn sie hungrig sind, dann essen sie die Taler."

-

Nachdem ich Ina erklärt hatte, wie das mit den Baby´s so vor sich geht, gibt sie es danach noch mal aus ihrer Sicht wieder:
„Und das Baby kommt in die Muschi rein und aus dem Bauch wieder raus."

Morgens in aller Frühe, fahren wir mit dem Auto zum Kindergarten. Die Sonne ist noch nicht aufgegangen und der Vollmond leuchtet am Himmel. Ina sagt aufgeregt: „Mama, der Mond verfolgt uns!"

-

Für Ina´s 4. Geburtstag haben wir uns vorgenommen, ihr Zimmer neu zu gestalten. Sie gibt uns noch folgende Anweisungen: „Bitte macht gute Arbeit. Ihr seid gute Bauarbeiters."

-

„Mama, da liegt Licht auf dem Boden", sagt Ina und zeigt auf eine Lampe, die im Boden eingelassen ist. „Wer hat das da hingeschmissen?"

-

Wir schauen Fernsehen, Ina singt das Intro einer Sendung mit: „This is the Wurst of Germany"

-

„Mama, ich bin heute im Kindergarten von der Rutsche gefallen. Da war Sand in der Nase. Hab ich aber wieder rausgepopelt gekriegt."

Ende im Gelände!

Schluss!
Aus!
Micky Mouse®